OS DEZ MANDAMENTOS DE DEUS E O PAI NOSSO

OS DEZ MANDAMENTOS DE DEUS E O PAI NOSSO

explicados por Abdruschin

ORDEM DO GRAAL NA TERRA

Título do original em língua alemã:
DIE ZEHN GEBOTE GOTTES UND DAS VATERUNSER
den Menschen gedeutet von Abdruschin – 1929

Traduzido sob responsabilidade da
ORDEM DO GRAAL NA TERRA
Rua Sete de Setembro, 29.200
06845-000 – Embu das Artes – SP – BRASIL
www.graal.org.br

8ª edição: 2014
Primeira reimpressão: 2019

Dados Internacionais de Catalogação na Publicação (CIP)
(Câmara Brasileira do Livro, SP, Brasil)

Abdruschin, 1875 – 1941.
Os Dez Mandamentos de Deus e o Pai Nosso / explicados por Abdruschin. – 8ª ed. – Embu das Artes, SP : Ordem do Graal na Terra, 2019.

Título original : Die Zehn Gebote Gottes und das Vaterunser

ISBN 978-85-7279-070-3

1. Dez Mandamentos 2. Espiritualidade 3. Pai Nosso I. Título.

CDD-241.52
14-01298 -226.96

Índices para catálogo sistemático:
1. Dez Mandamentos : Teologia moral 241.52
2. Pai Nosso : Oração : Cristianismo 226.96

Papel certificado,
produzido a partir de fontes responsáveis

FSC www.fsc.org MISTO Papel produzido a partir de fontes responsáveis FSC® C133551

QUEM

NÃO SE ESFORÇA

PARA COMPREENDER DIREITO

A PALAVRA DO SENHOR,

TORNA-SE CULPADO!

Abdruschin

OS DEZ MANDAMENTOS
DE DEUS

EU SOU O SENHOR TEU DEUS; NÃO TERÁS OUTROS DEUSES AO MEU LADO!

QUEM for capaz de interpretar corretamente estas palavras, nelas certamente já encontrará o julgamento de muitos que não respeitam este mais nobre de todos os mandamentos.

"Não terás outros deuses!"

Muitos não dão o devido apreço a estas palavras. Tornam-nas demasiado fáceis para si mesmos! Certamente pensam que entre os idólatras se encontram em primeiro lugar somente aquelas pessoas que se ajoelham diante de uma fileira de figuras de madeira, onde cada uma representa determinada divindade; talvez pensem também nos adoradores do diabo e semelhantes transviados, aos quais, na melhor das hipóteses, se referem com compaixão; contudo, não pensam aí em si mesmos. Olhai calmamente para vós próprios e examinai se talvez também fazeis parte dessas pessoas!

Um possui um filho que lhe significa mais que tudo e pelo qual seria capaz de qualquer sacrifício e que o faz esquecer tudo o mais. Outro coloca os prazeres terrenos sobre tudo e, ainda que tomado da melhor boa vontade, não seria capaz de privar-se deles por nenhum motivo, se tal exigência, que lhe permita livre decisão, lhe fosse apresentada. Um terceiro, por sua vez, ama o dinheiro; um quarto, o poder; um quinto, uma mulher; outro, honrarias terrenas, e todos, em última análise, somente... a si mesmos!

Isso é idolatria no mais verdadeiro sentido. Disso adverte o primeiro mandamento! Proíbe-o! E ai daquele que não o segue ao pé da letra! Tal transgressão traz como consequência imediata que tal ser humano sempre terá de permanecer preso à Terra, quando passar para o reino de matéria fina*. Na realidade, porém, é ele mesmo que se prende à Terra, pelo pendor por algo existente nela! Fica assim impedido de ulterior ascensão; perde o tempo que para esse fim lhe foi concedido e corre o perigo de não sair a tempo do reino de matéria fina, para ascensão ao

* *Nota da Editora:* para melhor compreensão de diversas expressões deste livro, leia a obra "NA LUZ DA VERDADE", do mesmo autor.

reino luminoso dos espíritos livres. É arrastado então para a inevitável decomposição de toda a matéria, decomposição essa que serve de purificação para a ascensão *dela* e nova formação. Isso, porém, é para a alma humana a morte espiritual de toda a consciência pessoal, e com isso também o aniquilamento de sua forma e de seu nome para toda a eternidade!

É desse terrível acontecimento que a observância do mandamento deve proteger! É o mais nobre dos mandamentos, porque é o mais imprescindível para o ser humano! Infelizmente, o ser humano tende, com demasiada facilidade, a entregar-se a algum pendor, que o escravizará finalmente! Aquilo, porém, que ele deixa se constituir num pendor, ele transforma assim num bezerro de ouro, colocando-o no lugar mais alto e constituindo-o como ídolo ao lado de seu Deus e, muitas vezes, até *acima* Dele!

Desses "pendores", infelizmente, existem demais, criados pelo próprio ser humano, dos quais ele se apropria de muito bom grado e com absoluta despreocupação! O pendor é a predileção por algo terreno, conforme já citei. Naturalmente, existem ainda muitos mais desses. Quem, porém, adquire um pendor, este "pende", como já indica acertadamente a palavra. Pende assim para a matéria grosseira, quando de sua passagem ao Além, para seu ulterior desenvolvimento, e não consegue libertar-se facilmente; fica, portanto, impedido, retido! Pode-se também chamar isso de maldição, que fica pesando sobre ele. O acontecimento é o mesmo, pouco importando como seja expresso.

Se, porém, na sua existência terrena, colocar Deus acima de tudo, não apenas na sua imaginação ou por meio de palavras, mas no intuir, portanto de modo verdadeiro e legítimo, com respeitoso amor, que o prende como um pendor, assim ele, o ser humano, através dessa ligação, com o mesmo efeito esforçar-se-á imediatamente para cima, quando chegar ao Além, pois leva consigo a veneração e o amor a Deus, que o sustenta e o conduz por fim à Sua proximidade, ao Paraíso, à Criação primordial, à morada dos espíritos puros, libertos de todos os fardos, e cuja ligação conduz somente à Verdade luminosa de Deus!

Atentai, pois, estritamente, à observância deste mandamento. Assim ficareis preservados de *muitos* fios do destino, de espécie desfavorável, dos quais não mais poderíeis libertar-vos, por não vos restar tempo suficiente!

SEGUNDO MANDAMENTO

NÃO EMPREGARÁS EM VÃO O NOME DO SENHOR TEU DEUS!

O NOME desperta e concretiza no ser humano o conceito! Quem desonra um nome e se atreve a desvalorizá-lo, desvaloriza com isso o conceito! Lembrai-vos disso sempre!

Este claro mandamento do Senhor é, porém, o menos respeitado entre todos os dez; portanto, o mais transgredido. São inúmeras as maneiras de desrespeitá-lo. Mesmo quando o ser humano imagina que muitas das transgressões sejam inteiramente inócuas, apenas maneiras de falar, sem importância, apesar disso, não deixa de ser transgressão deste mandamento, tão nitidamente expresso! São justamente essas milhares de inobservâncias, supostamente inócuas, que rebaixam o nome sagrado de Deus e, com isso, o conceito de Deus, que se encontra sempre intimamente ligado ao nome, privando-o de sua santidade perante pessoas adultas e até mesmo perante as crianças, maculando sua inviolabilidade pelo uso diário, pelo rebaixamento nas conversas corriqueiras! Os seres humanos não têm receio de se tornarem ridículos com isso. Não tenciono citar nenhuma das numerosas frases, pois o nome de Deus é demais elevado e sagrado para isso! Mas a qualquer pessoa bastará prestar atenção durante *um* dia somente, e certamente há de ficar espantada diante da imensidade de vezes em que o segundo mandamento é transgredido por pessoas de ambos os sexos, por adultos e até mesmo pelas crianças, que mal são capazes de compor uma sentença exata. Pois as crianças entoam de acordo com a cantiga dos mais velhos! Por esse motivo, frequentemente, uma das primeiras coisas que a mocidade aprende é o rebaixamento de Deus nessas transgressões, aparentemente tão inócuas, das leis de Deus!

O exercício disso, porém, é o pior de todas as transgressões! Encontra-se generalizado de modo devastador entre toda a humanidade, não apenas entre cristãos, mas também entre maometanos, judeus e budistas, por toda a parte ouve-se a mesma coisa até o fastio! O que pode então ainda valer para o ser humano o nome de "Deus"! Está desvalorizado, e não se lhe dá nem mesmo a importância da menor das moedas! Muito pior do que uma peça de roupa usada. E esse ser humano da Terra, que se julga tão inteligente, pensa mesmo que não há nenhum mal em tudo isso, e peca em tal sentido mais de cem vezes por dia! Onde está a reflexão! Onde, a menor manifestação da intuição! Vós também vos encontrais totalmente embotados e ouvis calmamente quando o mais sagrado de todos os conceitos é desse modo arrastado à lama de todos os dias! Não vos enganeis, porém! A conta de dívidas no Além fica desse modo impiedosamente sobrecarregada para cada um que pecou nisso! E não é tão fácil expiar justamente isso, porque acarreta tão amplas e más consequências, que terão de se vingar até a terceira e quarta geração, se em uma dessas gerações não surgir uma pessoa que chegue a um reconhecimento claro a tal respeito, dando um fim a esse mau proceder.

Procurai, portanto, combater esse costume nocivo em vosso ambiente mais chegado. Antes de mais nada, cortai primeiramente os fios de vosso próprio carma, com a máxima energia que ainda resta em vós, para que a conta de culpas não aumente ainda mais. Não imagineis uma remição fácil, somente porque até agora nada de mal pensastes a respeito! O dano é sempre o mesmo! E o pecado contra o mandamento continua existindo incondicionalmente! Vós o conhecestes, pois, perfeitamente! Se não vos esforçastes por tornar-vos cientes do alcance disso, a culpa é *vossa!* Nada, portanto, vos poderá ser descontado! Ouvi e procedei de acordo, para que possais ainda sobre a Terra remir muitas coisas.

Caso contrário, é apavorante o lodaçal que vos espera, quando chegardes ao Além, e que se colocará como um obstáculo no caminho de vossa ascensão.

Não apenas o indivíduo isolado, mas também as autoridades mostraram abertamente sua oposição a este mandamento e também à Palavra de Deus durante séculos, obrigando pessoas a prestar juramento, forçando-as à transgressão sob ameaças de pesados castigos terrenos, se não correspondessem às exigências. O castigo do Além é muito mais grave, porém, e recai sobre todos aqueles que exigiram esses juramentos, e não sobre aqueles que se viram coagidos a prestá-los. Também Cristo disse expressamente: “Que vossa fala seja sim ou não, pois o que passa disso é do mal!”

E as autoridades, todavia, tinham o poder para dar importância decisiva ao sim ou ao não, castigando a fraude perante o tribunal, assim como o juramento falso! Desse modo podiam conseguir elevar o valor das palavras perante o tribunal, até aquele degrau que elas necessitavam para um julgamento. Não havia necessidade de forçar seres humanos a transgredir o mandamento de Deus! Agora terão seu julgamento no Além. Mais duro, mais severo do que jamais haviam suposto ao escarnecerem da reciprocidade. Disso não há nenhuma escapatória!

Pior ainda foi o procedimento das igrejas e de seus representantes, que submeteram seus semelhantes às mais terríveis torturas, sob a invocação de Deus, queimando-os por fim, novamente sob a invocação de Deus, se não houvessem perecido antes em virtude dos suplícios. O imperador romano Nero, bem conhecido por todos por causa de sua crueldade, não foi tão perverso nem tão condenável ao torturar os cristãos, quanto a Igreja católica, com seu registro imenso de pecados perante as leis de Deus! Em primeiro lugar, não martirizou nem assassinou tantas pessoas, e, em segundo lugar, não o fazia sob a invocação tão hipócrita de Deus, que em sua espécie tem de contar entre as piores blasfêmias contra Deus, capazes de serem praticadas por um ser humano!

De nada adianta quando essas mesmas igrejas condenam hoje o que outrora foi cometido por elas de modo criminoso, infelizmente por tempo demasiado, pois não abandonaram essas práticas voluntariamente!

E ainda hoje não se procede muito diferente em hostilizações mútuas, somente sob forma mais discreta e mais moderna! Também aqui, com o tempo, só se modificou a *forma,* mas não o núcleo vivo! E é esse núcleo somente, que escondem de tão bom grado, que vale ante o Juízo de Deus, jamais a forma exterior!

E essa forma atual, apenas aparentemente inócua, nasceu da mesma indizível arrogância de espírito dos representantes de *todas* as igrejas, como até agora. E onde não há essa arrogância condenável, encontra-se uma presunção vazia, que se apoia sobre o poder terreno das igrejas. Essas propriedades más dão frequentemente origem às mais descabidas inimizades, que ainda são entrelaçadas com cálculos terrenos, visando à ampliação da influência, quando não, chegando até mesmo à ânsia de uma importância política em grande escala.

E tudo isso com o nome de "Deus" nos lábios, de forma que mais uma vez eu gostaria de exclamar igual ao Filho de Deus: "Transformastes com vossas ações as casas de meu Pai, como se devessem ser para *vossas* honras, em covis de assassinos! Denominais-vos servos da Palavra de Deus, contudo tornastes-vos servos de vossa arrogância!"

Cada católico se julga diante de Deus muito melhor do que um protestante, sem que haja motivo para isso, ao passo que cada protestante se julga muito mais sabido e progressista do que o católico, e *por isso* mais próximo de Deus! São esses os que afirmam ser adeptos de Cristo, que se desenvolvem de acordo com suas palavras.

Ambas as partes são tolas, por se apoiarem em coisas que não valem nada perante a vontade de Deus! Justamente todos esses pecam muito mais contra o segundo mandamento de Deus, do que os adeptos das outras religiões, pois não somente abusam do nome de Deus pelas palavras, mas também pelos atos, com toda a sua maneira de viver e até mesmo no seu assim denominado culto a Deus. Dão às pessoas que pensam e observam bem apenas um repugnante exemplo de formas vazias e de pensamento oco. Justamente pela presunção ilimitada de quererem fazer crer a si próprios, bem como aos que os cercam, que já possuem um lugar no céu, à frente dos adeptos de outras crenças, é que mais profundamente aviltam um conceito de Deus! Não importam as formalidades externas dos rituais das igrejas, o batismo e tantas coisas mais! É tão somente o ser humano interior que terá de comparecer perante o Juízo! Gravai isto, ó arrogantes, a quem já foi anunciado que no dia do Juízo desfilarão enfatuadamente convencidos de si, embandeirados e pomposos, a fim de receber alegremente a sua recompensa. Não alcançarão, porém, jamais o reino do espírito aos pés do trono de Deus, porque receberão a paga que merecem, antes de lá chegar. Um sopro gélido os levará, qual joio sem nenhum valor, pois falta-lhes a humildade pura *dentro de si* e o verdadeiro amor ao próximo!

São pelos seus modos os que mais abusam do nome de "Deus", os maiores transgressores do segundo mandamento!

Serviam todos a Lúcifer, não a Deus! E escarnecem assim de todos os mandamentos de Deus! Do primeiro ao último! Principalmente, porém, deste segundo mandamento, cuja transgressão constitui a mais negra conspurcação do conceito de Deus, no nome!

Acautelai-vos de continuar a passar levianamente por este mandamento! Observai atentamente a vós próprios e ao vosso ambiente! Considerai que, se cumprirdes fielmente nove mandamentos e não atentardes a um, estareis, *não obstante,* perdidos por fim! Se um mandamento é dado por Deus, tal fato já comprova que não pode ser considerado levianamente e que tem de ser cumprido com inexorável necessidade! Do contrário, nunca vos teria sido dado.

Não vos atrevais a orar, se não puderdes vibrar ao mesmo tempo com toda a alma nas palavras, e acautelai-vos para não vos apresentardes ante vosso Deus como tagarelas irrefletidos, pois nesse caso sereis culpados de abusar do nome de Deus. Antes de lhe pedir alguma coisa, refleti cuidadosamente se isso é iminentemente necessário! Não vos emaranheis em fórmulas de orações, cuja recitação monótona em horas determinadas tornou-se um mau costume em *todos* os rituais religiosos. Isso não é apenas um abuso do nome de Deus, mas até uma blasfêmia! Na alegria ou na aflição é sempre muito mais valioso um intuir ardente, sem palavras, do que mil orações verbais, mesmo que esse intuir dure apenas uma partícula de segundo. Pois tal intuir é sempre legítimo, e jamais constitui hipocrisia! Por esse motivo jamais representa abuso do conceito de Deus. É um momento *sagrado* sempre que o espírito humano quer prostrar-se ante os degraus do trono de Deus, suplicando ou agradecendo! Isso nunca deve tornar-se tagarelice habitual! Nem mesmo pelos servidores de uma igreja!

O ser humano que chega a usar o nome de Deus em todas as oportunidades possíveis e impossíveis jamais teve a mínima noção do conceito de Deus. É um animal, mas não um ser humano! Pois, como espírito humano, *tem* de possuir a faculdade de intuir dentro de si o pressentimento de Deus, mesmo que seja apenas uma vez em sua existência terrena! Porém, essa única vez seria o suficiente para tirar-lhe, incondicionalmente, a vontade de transgredir levianamente o segundo mandamento! Trará, então, eternamente dentro de si, a necessidade de só pronunciar o nome de "Deus", ajoelhado, na maior pureza de todo o seu íntimo!

Quem não possui isso, está muito longe de sequer merecer a Palavra de Deus e muito menos de ingressar no reino de Deus! De fruir Sua proximidade bem-aventurada! Por esse motivo é também vedado fazer uma *imagem* de Deus-Pai, segundo o sentido humano! Qualquer tentativa nesse sentido levará a uma diminuição lastimável, porque nem o espírito humano nem a mão humana estão capacitados a distinguir, através da vidência, sequer a menor parte da realidade e de fixá-la em uma imagem terrena! A maior obra de arte, nesse sentido, significaria apenas um profundo rebaixamento. Um olho, por si só, com seu brilho indizível, indica tudo. — *Assim* sublime é a grandeza a vós incompreensível que concentrais na palavra "Deus", e que com a mais insensata ousadia vos atreveis muitas vezes a usar como o mais corriqueiro dos palavrórios vazios e inconsiderados! Tereis de prestar contas por essa vossa atuação!

TERCEIRO MANDAMENTO

SANTIFICARÁS O DIA DE DESCANSO!

Quem é que se dá ao trabalho de sentir intuitivamente um mandamento. Ao contemplar nas crianças e nos adultos a maneira como costumam lidar levianamente com os mandamentos de seu Deus, poderia e deveria sobrevir um horror a cada pessoa que reflita seriamente. Os mandamentos são ensinados na escola e discutidos de modo superficial. O ser humano dá-se por feliz quando consegue assimilar o seu teor e é capaz de explicar mais ou menos a respeito, enquanto existir para ele o perigo de ser perguntado sobre isso. Saindo, porém, da escola para a vida cotidiana, esquece prontamente as palavras e dessa forma também o seu sentido. É a melhor prova de que não se interessava na realidade por aquilo que o seu Senhor e Deus dele exige. Ele, porém, não *exige* nada de ninguém, mas *dá* com amor a todos os seres humanos o que urgentemente necessitam! Pois já fora observado pela Luz como os seres humanos se transviaram. Por isso, Deus, qual cuidadoso educador, indicou-lhes o caminho que os conduzirá à existência eterna no reino luminoso do espírito, portanto, à sua felicidade. Ao passo que a inobservância terá de conduzir desgraça e aniquilamento para as criaturas humanas! Exatamente por essa razão, não é propriamente certo falar em mandamentos. Trata-se, antes, de conselhos muito bem-intencionados e da indicação do caminho certo através da matéria, cujo conhecimento constituiu anseio dos próprios espíritos humanos. Mas até mesmo esse pensamento tão bonito não produz efeito no ser humano. Aferrou-se literal e demasiadamente a suas próprias ideias e nada mais deseja ver ou ouvir, além daquilo que condiz com os conceitos que para si mesmo criou em seu limitado saber terreno. Não sente como a matéria o conduz cada vez mais até o limite onde ele estará pela última vez diante do sim ou do não, aquela decisão que então permanecerá determinante para toda a sua existência, e segundo a qual terá de trilhar o seu caminho assim escolhido até o fim, sem possibilidades de voltar atrás. Ainda que no último momento lhe surja o reconhecimento. Virá tarde demais e só contribuirá para aumentar-lhe os tormentos.

Para auxiliar aqui, a fim de que pudesse ainda *a tempo* obter o reconhecimento, apesar dos erros, Deus deu aos seres humanos o *terceiro* mandamento, o conselho de santificar o dia de descanso! No cumprimento deste mandamento teria despertado no decorrer do tempo em cada ser humano o anseio de esforçar-se para a Luz e com esse anseio ter-se-ia mostrado, afinal, também o caminho que o conduziria para cima, à realização dos seus desejos, que, tornando-se cada vez mais poderosos, se condensariam em oração. Então seria *outra* a posição atual do ser humano! Estaria espiritualizado, *maduro* para o reino que agora há de vir.

Ouvi, pois, e agi para que o cumprimento do mandamento aplaine o vosso caminho. Santificarás o dia de descanso! Tu! Está claramente implícito nas palavras que *tu* deverás consagrar o dia de descanso, tu deverás *santificá-lo para ti!* Dia de descanso é hora de descanso; portanto, quando repousas do trabalho que teu caminho na Terra te impõe. Não consagras, porém, a hora de descanso, o dia de repouso, se só queres cuidar de teu corpo. Também não o fazes se apenas procuras divertimento em jogos, bebidas ou na dança. A hora de descanso deverá levar-te à meditação interior, fazer com que reflitas sobre tua existência terrena de até então, principalmente, porém, sobre os dias de trabalho da semana *finda,* tirando disso conclusões proveitosas para o teu futuro. É fácil fazer um apanhado de seis dias; o que demora mais é facilmente esquecido. Não tardará, e tuas intuições lentamente se elevarão e tu te tornarás buscador da Verdade. Uma vez tornado buscador de fato, o caminho ser-te-á mostrado. E da mesma maneira que aqui na Terra percorres um caminho novo, apenas cautelosamente perscrutando, deverás trilhar também os novos caminhos espirituais que agora se abrem para ti, cuidadosamente, passo a passo, a fim de conservar sempre solo firme sob teus pés. Não deverás saltar, pois assim aumentará o perigo de tombar. Com tais reflexões e intuições nas horas de descanso da tua existência terrena, jamais perderás algo; pelo contrário, somente lucrarás.

Ninguém santifica uma hora de descanso com visitas às igrejas, se concomitantemente não se dispuser a refletir em seu tempo de repouso sobre aquilo que lá ouviu, a fim de assimilá-lo corretamente e viver de acordo. O sacerdote não poderá santificar-te o teu dia, se tu próprio não o fizeres, por vontade própria.

Pondera sempre se o sentido verdadeiro das palavras de Deus concorda integralmente com teu modo de agir. *Dessa* maneira o dia de descanso será então por ti santificado, pois alcançou, através de serena introspecção, *aquele* conteúdo, para cuja finalidade foi instituído. Cada dia de descanso tornar-se-á assim um marco no teu caminho, que, agindo retroativamente, dará também a teus dias de atividade material *aquele* valor que devem ter para o amadurecimento da tua alma. Então não terão sido vividos em vão, e progredirás constantemente. Santificar quer dizer não desperdiçar. Se descuidares disso, desperdiçarás teu tempo, o qual te foi concedido para o amadurecimento e, após a transformação universal, que agora começa a envolver-vos lentamente com seus raios, apenas pouco tempo ainda será dado para recuperar o que foi negligenciado, pressupondo-se que empregueis aí toda a energia que vos restou. Santificai, por isso, o dia de descanso! Seja em vossa casa ou, melhor ainda, em contato com a natureza, que vos auxilia a despertar no pensar e no intuir! Cumpri assim o mandamento do Senhor. É para *vosso benefício!*

HONRARÁS PAI E MÃE!

ESTE mandamento Deus mandou dar outrora à humanidade através de Moisés. Despertou, porém, indizíveis lutas de alma. Quantas crianças e quantos adultos não lutaram penosamente para não pecar da maneira mais grave justamente contra este mandamento. Como pode uma criança respeitar o pai que se degrada no vício da bebida ou uma mãe que torna todas as horas amargas ao pai e a todos no lar, em virtude dos seus caprichos, pelo seu temperamento desenfreado, por falta de autocontrole e por tantos outros modos que impossibilitam inteiramente o surgir de uma atmosfera serena! Pode uma criança honrar os pais quando os ouve insultar-se mutuamente de forma pesada, quando enganam um ao outro ou quando chegam até a agredir-se? Muitos acontecimentos matrimoniais dessa espécie tornaram este mandamento para os filhos uma tortura, acarretando a impossibilidade do seu cumprimento. Pois seria apenas hipocrisia, se um filho afirmasse respeitar ainda a mãe que se porta muito mais amavelmente com estranhos que com seu próprio marido, o pai desse filho! Quando nota nela a tendência para a superficialidade, quando vê como ela, na mais ridícula vaidade, se rebaixa em escrava submissa de qualquer tolice da moda, que tantas vezes não mais se coaduna com o conceito da serena e elevada maternidade, destruindo toda a beleza e sublimidade da dignidade materna... como pode um filho nessas condições sentir ainda de livre vontade veneração pela mãe? Quanta coisa não encerra a palavra “mãe”! Quanto, porém, não exige esta mesma palavra. Uma criança ainda não envenenada *tem* de sentir de modo inconsciente que uma pessoa de espírito sério e amadurecido nunca poderia decidir apresentar seu corpo material despido, apenas para atender aos ditames da moda. Como pode, pois, conservar-se a mãe digna de respeito para a criança! A veneração natural é rebaixada impulsivamente, transformando-se nas formas vazias de um dever habitual ou, conforme a educação, em simples cortesia de sociedade, isto é, em hipocrisia, a que falta qualquer elevação de alma. Justamente *aquela* elevação, que encerra em si a vida verdadeira.

Elevação essa indispensável à criança e que a acompanha em seu crescimento e em seu ingresso na vida prática, como um escudo protetor, resguardando-a de tentações de toda a natureza e que interiormente permanece como um refúgio fortemente protegido, sempre que se encontrar em alguma dúvida. Até na velhice avançada! A palavra "mãe" ou "pai" deveria em todos os tempos despertar uma intuição ardente e íntima, com a qual a imagem aparecesse diante da alma *condignamente,* em toda a sua pureza, admoestando ou concordando, como estrela-guia durante toda a existência terrena!

E que tesouro não é tirado de cada criança, quando *não pode* honrar com toda a alma seu pai e sua mãe!

A causa de todas essas torturas de alma, todavia, encontra-se somente na falsa concepção dos seres humanos em relação ao mandamento. A concepção até hoje em curso tem sido falsa, limitando o sentido e deixando-o unilateral, ao passo que tudo que vem de Deus não pode ser unilateral. Mais errado ainda foi deformar este mandamento, ao querer melhorá-lo de acordo com o critério humano, formulando-o mais determinadamente pelo acréscimo: "Honrarás *teu* pai e *tua* mãe!" Com isso tornou-se pessoal. Isso tinha de conduzir a erros, porque o mandamento em sua feição correta diz apenas: "Honrarás pai e mãe!"

Não se refere, pois, a determinadas pessoas isoladamente, cuja *espécie* não pode ser *previamente* determinada nem prevista. Semelhante absurdo não existe de forma alguma nas leis divinas. Deus não exige absolutamente que se honre algo que não mereça incondicionalmente ser honrado!

Este mandamento, pelo contrário, abrange, em vez da personalidade, o *conceito* da maternidade e paternidade. Não se dirige, portanto, em primeiro lugar às crianças, mas aos próprios *pais,* exigindo *destes* que honrem a paternidade e a maternidade! O mandamento impõe deveres incondicionais aos pais para que conservem sempre completa consciência de sua elevada missão, e com isso também mantenham sempre diante dos olhos a responsabilidade que nela se encontra.

No Além e na Luz não se vive com palavras, mas com conceitos.

Por esse motivo acontece que a reprodução por meio de palavras ocasione facilmente uma restrição dos conceitos, como se patenteia neste caso. Mas ai daqueles que não atentaram a este mandamento e não se esforçaram por reconhecê-lo corretamente. Não serve de desculpa o fato de ter sido até agora erradamente interpretado e erroneamente intuído com tanta frequência. As consequências duma inobservância do mandamento já se fizeram valer por ocasião da geração e da entrada da alma. Tudo se passaria nesta Terra de modo inteiramente diverso, se os seres humanos tivessem entendido e cumprido este incisivo mandamento. Almas completamente diferentes poderiam então chegar à encarnação, as quais não teriam permitido a degradação dos costumes e da moralidade, assim como ocorre hoje! Vede somente os assassínios, vede as danças desregradas, vede as orgias que hoje tendem a aumentar cada vez mais. É como que a coroação do triunfo das correntezas abafadiças das trevas. E vede a indiferença incompreensível com que se aceita a decadência, como se fosse algo certo ou já existente, fomentando-a até.

Onde está o ser humano que se esforça por reconhecer direito a vontade de Deus; que procura, elevando-se, compreender a inapreensível grandiosidade, em vez de confinar obstinadamente sempre e sempre de novo essa vontade imensa nos estreitos limites do cérebro terreno, cérebro esse que o ser humano transformou em templo do raciocínio. Com isso ele mesmo força sua vista para baixo, como um escravo agrilhoado em ferros, em vez de elevá-la, brilhando de alegria, para as alturas, a fim de encontrar a irradiação do reconhecimento.

Não vedes, pois, como vos comportais mesquinhamente em *cada* interpretação que fazeis de tudo o que vos chega da Luz! Quer sejam mandamentos, profecias, a Mensagem de Cristo, ou mesmo toda a Criação! Nada quereis ver nem reconhecer! Nem procurais, pois, compreender algo *realmente!* Não aceitais as coisas como são de fato, mas procurais obstinadamente transformar tudo, sempre de novo, nas baixas concepções, a que desde milênios vos entregastes. Libertai-vos, pois, finalmente, dessas tradições. A força para isso se acha à vossa disposição. A cada momento. E sem necessidade de fazerdes sacrifícios. Mas tereis de livrar-vos delas *num só* ato de vontade, *num só golpe!* Sem reter algo disso, com desejo velado. Tão logo vos empenheis em procurar uma *transição,* jamais vos libertareis de tudo o que vos prende até agora, mas sereis sempre de novo e tenazmente puxados para trás. Somente vos será fácil se cortardes de *um só* golpe todo o velho, enfrentando assim, sem nenhum lastro antigo, o novo. Somente então é que a porta se abrirá para vós; do contrário, permanecerá fechada. E para isso é necessário somente uma vontade realmente sincera. É coisa de um momento. Exatamente como o despertar do sono. Se não vos levantardes imediatamente de vossa cama, ficareis novamente cansados, relaxando a alegria pelos trabalhos do novo dia, se não desaparecer por completo.

Honrarás pai e mãe! Tornai isso mandamento sagrado para vós! Honrai a paternidade e a maternidade! Quem ainda hoje sabe, pois, que grande dignidade reside nisso. E que poder, capaz de enobrecer a humanidade! Os seres humanos que se unem aqui na Terra deviam ficar cientes de tudo isso, então cada matrimônio se tornará um verdadeiro matrimônio, ancorado no espiritual! E todos os pais e mães *dignos de serem honrados,* segundo as leis divinas!

Para as crianças, porém, este mandamento se torna sagrado e vivo, através de seus pais. Não importando a sua própria conformação, essas crianças nem poderão proceder de outro modo do que honrar o pai e a mãe com toda a alma. Serão forçadas a isso, pela própria conformação dos pais. E ai então *daqueles* filhos que não cumprirem o mandamento plenamente. Pesado carma recairia sobre eles, pois haveria então motivo suficiente para isso. Seu cumprimento, porém, logo se transformará, pela reciprocidade, em naturalidade, alegria e necessidade! Por esse motivo, ide e acatai os mandamentos de Deus com mais seriedade do que até agora! Isto é, acatai-os e cumpri-os! Para que vos torneis felizes!

NÃO MATARÁS!

BATE no peito, ó ser humano, e gaba-te em voz alta que não és nenhum assassino! Pois matar é assassinar, e segundo tua convicção nunca transgrediste este mandamento do Senhor. Podes apresentar-te à Sua face com orgulho, contemplando sem receio nem medo a abertura dessa folha do livro de tua vida, cheio de esperanças.

Já refletiste, uma vez que seja, se de fato não há no teu caso uma espécie de matar moralmente e que matar moralmente equivale a assassinar fisicamente?

Não há nenhuma diferença nisso. Somente a fazes em tua linguagem, em teu modo de dizer, porque o mandamento não diz de maneira unilateral: não matarás nenhuma vida terrena de matéria grosseira! Mas sim de modo amplo, abrangedor e concreto: "Não matarás!"

Um pai, por exemplo, tinha um filho. Esse pai alimentava a vaidade terrena de querer fazer o filho estudar, custasse o que custasse. Esse filho, porém, tinha qualidades que o impeliam a fazer outras coisas em que o estudo não lhe era de nenhuma utilidade. Nada mais natural, portanto, que esse filho não sentisse a menor vontade pelos estudos obrigatórios, nem pudesse reunir com alegria as energias necessárias para isso. O pai, porém, exigia obediência. O filho obedecia. Esforçava-se, com prejuízo da saúde, para cumprir a vontade paterna. Mas como esta era contrária à natureza do filho, contrária aos dotes inerentes a ele, nada mais natural que o corpo se ressentisse com isso. Não desejo acompanhar mais longe esse caso, que tão frequentemente se repete na vida terrena, a ponto de chegar a centenas de milhares ou mais ainda. Mas o irrefutável é que nesse caso o pai, por sua vaidade ou obstinação, procurava matar algo que ao filho foi dado para desenvolvimento na Terra! Em muitos casos ocorre realmente a extinção, tornando-se posteriormente quase impossível tal desenvolvimento, por haver sido quebrada na melhor época a energia principal e sadia para isso, tendo sido malbaratada levianamente em coisas completamente estranhas à natureza do filho.

O pai pecou com isso gravemente contra o mandamento: Não matarás! Sem levar em conta que, com esse proceder ele privou os seres humanos de algo que talvez lhes pudesse ser de utilidade, através do filho! Deve considerar que esse filho é ou pode ser muito semelhante espiritualmente a ele ou à mãe, permanecendo, porém, diante do Criador como uma personalidade independente, a qual é *obrigada* a desenvolver os dotes que trouxe à Terra, para seu próprio proveito. Talvez até lhe fosse concedido, pela graça de Deus, resgatar um carma pesado, inventando algo que em determinado sentido seja de grande utilidade para a humanidade! A culpa desse impedimento pesa de modo especial sobre o pai ou a mãe, que colocaram suas mesquinhas considerações terrenas acima dos grandes fios do destino e dessa maneira abusaram do poder da paternidade.

Não é outra a situação quando os pais fazem prevalecer os mesquinhos cálculos terrenos do seu raciocínio, por ocasião do casamento dos filhos. Quantas vezes não se aniquila assim, desconsideradamente, uma das mais nobres intuições do filho, dando-lhe, sim, despreocupação terrena, porém causando-lhe também a infelicidade de alma, que se torna mais incisiva para a vida do filho do que todo o dinheiro e bens terrenos.

É natural que os pais não devam aquiescer a qualquer sonho ou desejo de um filho. Isso não seria o cumprimento dos seus deveres de pais. É exigido, porém, o mais severo exame, o qual nunca deve ser terrenamente unilateral! E é justamente esse exame que raras vezes ou jamais é praticado pelos pais de *maneira desinteressada.* Assim há mil e uma espécies de casos. Não é necessário que eu fale mais sobre isso. Refleti vós próprios a respeito, para que não venhais a transgredir essa grave sentença de Deus neste mandamento! Abrir-se-ão assim caminhos inimaginados para vós!

No entanto, o filho também pode sufocar em seus pais esperanças justificadas! Quando não desenvolve em si os dotes como é necessário, para que possa conseguir grandes resultados nisso, tão logo os pais compreensivamente lhe tenham permitido escolher o caminho que pediu. Nesse caso também se trata de matar nobres intuições nos pais, transgredindo assim de maneira brutal o mandamento.

O mesmo acontece quando o ser humano por qualquer modo trai alguma amizade verdadeira ou confiança que alguém lhe dedica. Mata e fere no outro, dessa forma, algo que encerra verdadeira vida! É transgressão da sentença de Deus: Não matarás! Acarreta-lhe destino nocivo, que terá de remir.

Vedes que todos os mandamentos são apenas os melhores amigos dos seres humanos, para preservá-los do mal e do sofrimento! Por esse motivo, acatai-os e amai-os como a um tesouro, cuja guarda só vos acarretará alegria! —

NÃO COMETERÁS ADULTÉRIO!

JÁ o fato de existir outro mandamento que diz: "Não cobiçarás a mulher do próximo!" demonstra quão pouco este sexto mandamento tem relação com aquilo que a lei terrena estabelece a respeito.

"Não cometerás adultério" pode também significar: "Não destruirás a paz de um matrimônio!" É natural que por paz também se entenda harmonia. Isto condiciona, ao mesmo tempo, *como*, aliás, deve ser um matrimônio, pois onde nada existe para romper ou perturbar, também não vale este mandamento, que não se orienta por conceitos e determinações terrenas, mas sim segundo a vontade divina.

Matrimônio existe, pois, apenas onde paz e harmonia imperam como algo natural; onde cada cônjuge procura apenas viver para o outro e proporcionar-lhe alegria. Excluem-se com isso, de antemão e para sempre, a unilateralidade e o fastio mortífero, de efeito tão corrompedor, assim como o perigoso anseio por diversão ou a ilusão de não ser compreendido! Os instrumentos mortíferos para toda a felicidade. Justamente esses males não podem surgir, de maneira nenhuma, num verdadeiro matrimônio, no qual os cônjuges vivem realmente um para o outro, pois o não querer ser compreendido e também o anseio por diversão são apenas os frutos de um egoísmo pronunciado, que procura viver apenas para si e não para o outro!

Quando há, porém, um verdadeiro amor das almas, torna-se completamente natural o mútuo e alegre renunciar a si próprio, e nisso, reciprocamente, é totalmente impossível que uma das partes fique lograda. Pressuposto que também o nível de cultura dos que se unem não apresente demasiada disparidade!

Esta é uma condição exigida pela lei de atração da igual espécie no grande Universo, a qual terá de ser cumprida, se a felicidade deva ser completa.

Onde, porém, não se encontrem a paz, nem a harmonia, o matrimônio não merece ser chamado matrimônio, pois tal união de fato não existe, sendo apenas um vínculo terreno, destituído de valor perante Deus, e que, portanto, não pode trazer bênçãos naquele sentido como é de se esperar num matrimônio verdadeiro.

No sexto mandamento o matrimônio verdadeiro é, pois, condição básica, de acordo com a vontade de Deus. Outro tipo de matrimônio não goza de proteção. Ai daquele, porém, que ousa perturbar um matrimônio *verdadeiro,* seja de que forma for! Pois o triunfo que julga obter aqui na Terra aguarda-o na matéria fina de uma forma inteiramente diversa! Apavorado, gostaria de fugir ao ter de entrar naquele reino, onde isso o aguarda.

Já constitui adultério, no mais amplo sentido, a tentativa de separar duas pessoas que se amam com toda a realidade de suas almas, como muitas vezes o fazem os pais, aos quais esta ou aquela circunstância terrena não é do seu agrado! Ai também da mulher ou do homem, quer jovem, quer velho, que movido pela inveja ou por motivos fúteis, semeia deliberadamente discórdia ou até o rompimento entre um par assim formado. O amor puro entre duas pessoas deverá ser sagrado para cada pessoa; deverá ser objeto de respeito e consideração, jamais de cobiça! Pois está sob a proteção da vontade de Deus!

Se, porém, surgir um tal sentimento de cobiça impura, deverá o ser humano afastar-se e olhar com olhos límpidos para *aquelas* pessoas que ainda não se ligaram animicamente a ninguém.

Procurando com seriedade e paciência, encontrará incondicionalmente uma pessoa que com ele combine, no sentido desejado por Deus, e com a qual então se tornará feliz sem se carregar com uma culpa que jamais pode trazer ou dar felicidade!

O grande erro dessas pessoas é o de se esforçar em seguir com demasiada frequência um impulso de sentimento inicialmente sempre fraco, retendo-o à força e cultivando-o artificialmente em sua fantasia, até que, tornando-se forte, as domine e, martirizando, também induza ao pecado! Milhares de espíritos humanos não teriam de se perder, se apenas atentassem sempre sobre o *início* disso, que, quando não decorre de cálculos do raciocínio, é fruto meramente de brincadeiras indignas de seres humanos, as quais, por sua vez, derivam dos nefastos hábitos da vida familiar terrena e, principalmente, da vida social! Exatamente estes são frequentemente verdadeiros mercados casamenteiros, nada mais limpos que a traficância sem disfarces de escravos no Oriente! Nisso reside uma incubadeira para os germes do adultério.

Acautelai-vos, pais, para que não vos torneis culpados do crime de adultério em vossos filhos, devido a demasiados cálculos do raciocínio! Inúmeros já se enredaram nisso! Muito lhes custará para se libertarem novamente disso! Vós, filhos, tende cuidado para não vos tornardes instrumento de discórdia entre os vossos pais, senão também sereis culpados de adultério! Refleti bem sobre isso. Senão tornar-vos-eis inimigos de vosso Deus, e não há sequer um destes inimigos que por fim não tenha de perecer com sofrimentos indizíveis, sem que Deus mova um dedo para tanto! Jamais deverás destruir a paz e a harmonia entre dois seres humanos.

Grava isso em ti, para que te sirva sempre de advertência, diante do olho de tua alma. —

SÉTIMO MANDAMENTO

NÃO ROUBARÁS!

O LADRÃO é considerado uma das criaturas mais desprezíveis. Ladrão é todo aquele que toma de outrem algo de sua propriedade, sem seu consentimento.

Nisso reside a explicação. A fim de cumprir corretamente o mandamento, nada terá de fazer o ser humano, além de distinguir sempre com clareza o que pertence a outrem! Isso não é difícil, dirão todos imediatamente. E com isso já o colocam de lado. De fato, não é difícil, como no fundo todos os dez mandamentos não são difíceis de serem cumpridos, contanto que se queira realmente. Sempre será condição essencial, porém, que os seres humanos os conheçam corretamente. E *isso* falta a muitos. Já refletiste, para poder cumprir, o que constitui realmente propriedade de outrem, da qual nada deves tomar?

É o seu dinheiro, as suas joias, o vestuário, talvez também casa e propriedade, incluindo o gado e tudo quanto dela faça parte. Não consta, porém, no mandamento, que o mesmo se refira unicamente a propriedades terrenas, de matéria grosseira! Pois existem valores ainda infinitamente mais preciosos! À propriedade de um ser humano pertencem também a sua reputação, o conceito de que goza na sociedade, os seus pensamentos, o seu caráter, e ainda a confiança de que goza perante terceiros, se não de todos, ao menos perante este ou aquele! Chegados a este ponto, muito orgulho de alma perante o mandamento já terá diminuído sensivelmente. Pois pergunta-te: jamais tentaste, talvez por boa fé, solapar a confiança que uma pessoa goza perante outra, com advertência de cautela, ou até soterrá-la totalmente? Assim agindo, roubaste literalmente aquela que era a depositária dessa confiança! Pois tomaste-a dela! Ou pelo menos tentaste!

Também terás roubado ao teu próximo se, sabendo algo a respeito de sua situação, o tiveres comunicado a terceiros, *sem sua anuência.* Disso poderás verificar como estão gravemente enredados nas malhas da culpa todos aqueles que procuram transformar esses assuntos em negócio, ou que se dedicam a isso profissionalmente, como as agências de informações ou similares! Esse autoenredar acarreta, como consequência de tais atividades e das transgressões constantes do mandamento divino, uma rede tão enorme, que tais pessoas jamais poderão libertar-se, ficando entregues à condenação, pois estão *mais sobrecarregadas* do que qualquer ladrão ou assaltante material. São também culpados e equiparados a cúmplices, aqueles que auxiliam e estimulam tais "negociantes" na sua pecaminosa atividade. Qualquer ser humano íntegro e honesto, quer particular, quer negociante, possui o direito e o dever de exigir esclarecimentos diretos, e, se preciso, documentos que o elucidem, de todos aqueles que lhe submetem qualquer solicitação, a fim de que possa decidir até que ponto poderá confiantemente atendê-los. Tudo o mais é insano e reprovável.

O cumprimento deste mandamento ainda faz com que a intuição desperte cada vez mais e suas faculdades, uma vez estimuladas, sejam libertadas. O ser humano adquire assim o verdadeiro conhecimento da natureza humana, o qual apenas por comodismo havia perdido. Perde pouco a pouco o caráter mecânico e inanimado, tornando-se novamente um ser humano vivo. Surgem verdadeiras personalidades, ao passo que as criaturas massificadas, agora cultivadas, têm de desaparecer.

Dai-vos ao trabalho de meditar profundamente a esse respeito, e zelai para que no fim não encontreis muito transgredido precisamente este mandamento, nas páginas de vosso livro de culpas!

OITAVO MANDAMENTO

NÃO LEVANTARÁS FALSO TESTEMUNHO CONTRA TEU PRÓXIMO!

Se agredires a um de teus semelhantes e lhe bateres de modo a causar-lhe ferimentos, e se talvez ainda o roubares, sabes então que o prejudicaste e que serás passível de punição terrena. Nem sequer pensas que com isso concomitantemente também te enredaste nas malhas de um efeito recíproco, que não está sujeito a nenhuma arbitrariedade, mas que se desencadeia com justiça até nas mais ínfimas reações da alma, as quais nem consideras e nem sentes intuitivamente. E essa reciprocidade não tem nenhuma ligação com a pena terrena, agindo, pelo contrário, de modo sereno e totalmente independente, mas de forma tão inevitável para o espírito humano, que em toda a Criação não poderá encontrar um cantinho sequer capaz de protegê-lo e de escondê-lo.

Quando ouvis falar a respeito de tais atos brutais de agressão e de ferimentos causados à força, vos sentis indignados. Se as vítimas forem pessoas que vos são caras, ficareis também assustados e horrorizados! Não vos incomodais, porém, quando ouvis, aqui e acolá, uma pessoa ausente ser caluniada por terceiros, mediante o emprego sutil de palavras malévolas, ou muitas vezes apenas com gestos expressivos, que deixam entrever mais do que poderia ser dito com palavras.

Atentai, porém: uma agressão física pode muito mais facilmente ser reparada, do que um ataque à alma, a qual sofre com a difamação.

Evitai, por isso, todos os assaltantes da reputação, da mesma maneira como os assassinos terrenos!

Pois são identicamente culpados, e muitas vezes piores ainda! Assim como não têm piedade para com as almas que perseguem, também mão nenhuma lhes deverá ser estendida no Além, para auxílio, quando o implorarem! Frio e impiedoso é o nefasto impulso em seu íntimo de difamar outras pessoas, muitas vezes até estranhas a eles, e por isso hão de encontrar frio e inclemência centuplicados no local que os aguarda, assim que tiverem de abandonar o seu corpo terreno!

Continuarão a ser no Além os proscritos e os mais desprezados, mesmo diante dos assaltantes e dos ladrões, pois um traço comum, ignóbil e desprezível, caracteriza toda essa espécie, desde a simples tagarela aos indivíduos corruptos, que não têm medo de levantar falso testemunho, sob juramento voluntariamente prestado, contra seu próximo, em relação ao qual, em muitas coisas, teriam tido motivo suficiente para agradecer!

Tratai-os como vermes venenosos, pois não merecem outra coisa.

Por faltar completamente a toda a humanidade o objetivo elevado e uniforme de alcançar o reino de Deus, as pessoas não têm assunto, quando se encontram em grupos de dois ou três, cultivando então o hábito tão de seu agrado de falar sobre os outros, prática esta cuja baixeza não são mais capazes de reconhecer, porque, com a constante execução, perderam inteiramente a noção disso.

Que continuem em suas "rodinhas" no Além, e se dediquem aos seus assuntos prediletos, até que o tempo concedido para a última possibilidade de ascensão, que talvez lhes pudesse trazer salvação, tenha passado, e elas sejam arrastadas à decomposição eterna, onde todas as espécies de matéria grosseira e fina chegam para a purificação de *todo* o veneno introduzido por espíritos humanos, indignos de conservarem um nome!

NONO MANDAMENTO

NÃO COBIÇARÁS A MULHER DO TEU PRÓXIMO!

ESTE mandamento dirige-se de modo claro, direto e incisivo aos instintos corporais e animais que o ser humano... infelizmente... permite que surjam muitas vezes de modo excessivo, tão logo se lhe ofereça oportunidade para isso!

Aí já tocamos no ponto capital que constitui a maior armadilha para os seres humanos e à qual quase todos sucumbem, desde que com ela entrem em contato: a oportunidade!

O instinto é despertado e guiado apenas pelos pensamentos! O ser humano poderá verificar facilmente em si próprio que o instinto não se manifesta, nem pode surgir, se não houver pensamentos a seu respeito! É-lhes inteiramente subordinado! Sem exceção.

Não digais que também o sentido do tato pode despertar o instinto, pois isso é errado. É apenas uma ilusão. O sentido do tato desperta apenas os pensamentos e estes, então, o instinto! E o meio mais poderoso para despertar tais pensamentos é a oportunidade que se oferece e que deve ser temida pelos seres humanos! Por essa razão, constitui-se na maior medida de defesa e na melhor das proteções para todos os seres humanos de ambos os sexos evitar tais *oportunidades!* É a âncora de salvação na aflição atual, até que toda a humanidade se tenha fortalecido de tal maneira, que seja capaz, como a coisa mais natural e lógica de sua condição, de *manter puro o foco dos seus pensamentos,* o que hoje, infelizmente, não é mais possível! Então qualquer transgressão deste mandamento será inteiramente impossível.

Até lá muitas tempestades purificadoras terão de assolar a humanidade, mas *aquela* âncora resistirá, desde que cada bem-intencionado se esforce realmente por nunca dar oportunidade de encontro sedutor, a sós, entre pessoas de sexos diferentes!

Cada qual deve gravar isso com letras de fogo, pois não é tão fácil libertar-se animicamente de tal transgressão, já que a outra parte também entra em questão aí! E a possibilidade para uma ascensão *simultânea* é muito rara.

"Não cobiçarás a mulher do teu próximo!" Isso não se refere apenas a uma mulher casada, porém ao sexo feminino em geral! Portanto, também às filhas! E como é dito expressamente: "Não *cobiçarás!*", refere-se apenas ao instinto sexual, não porém ao cortejar sincero!

Palavras tão claras não admitem enganos. Trata-se aqui da severa lei divina contra a sedução ou violação. Bem como contra a conspurcação por pensamentos oriundos de uma cobiça! Já isso, como ponto inicial de todo o mal de um ato, constitui transgressão do mandamento, acarretando punição mediante um carma que terá de ser remido inevitavelmente de alguma forma, antes que a alma possa libertar-se disso novamente. Por vezes tal acontecimento, considerado erroneamente pelos seres humanos como de pouca importância, constitui até um fator determinante para a espécie da próxima encarnação sobre a Terra ou para seu futuro destino *nesta* existência terrena. Não considereis, pois, levianamente o poder dos pensamentos, ao qual se liga, naturalmente, também a responsabilidade, em igual medida! Sois responsáveis pelos pensamentos mais levianos, pois já acarretam danos no mundo de matéria fina. *Naquele* mundo que terá de receber--vos, depois desta vida terrena.

Se a cobiça, porém, conduzir à sedução, chegando, portanto, a um ato material grosseiro, temei pelo castigo, se não fordes capazes de a tempo reparar o mal aqui na Terra, corporal e animicamente!

Quer essa sedução seja feita de maneira insinuante, quer mediante solicitação brutal, ou ainda com a anuência final da parte feminina, não influenciará em nada o efeito recíproco, pois este já se iniciou quando surgiu a cobiça, e toda a astúcia e todas as artimanhas apenas servirão para *agravá-lo.* Mesmo a anuência final não o anulará!

Tende, pois, cuidado; evitai todas as oportunidades e jamais vos torneis despreocupados a esse respeito! *Conservai puro, principalmente, o foco de vossos pensamentos!* Assim jamais transgredireis este mandamento!

Também não vale como desculpa se um ser humano procura iludir-se com o fato de que existia a probabilidade do matrimônio! Pois pensando assim seria até a mais grosseira inverdade. Um matrimônio destituído do amor das almas é nulo perante Deus. O amor das almas será, porém, a mais forte de todas as proteções contra a transgressão do mandamento, pois aquele que realmente ama deseja proporcionar ao ser amado sempre somente o melhor, sendo, portanto, incapaz de manifestar-lhe desejos ou exigências impuras, contra o que se volta em primeira linha o mandamento!

DÉCIMO MANDAMENTO

NÃO COBIÇARÁS CASA, PROPRIEDADE E GADO DO TEU PRÓXIMO, E TUDO O QUE LHE PERTENCE!

QUEM procura auferir ganhos com trabalho ou comércio honesto poderá ficar sossegado, quando chegar a vez deste mandamento no dia da grande prestação de contas, pois passará por ele sem ser prejudicado. Considerando bem, é tão fácil cumprir todos os mandamentos e, não obstante... observai *bem* todos os seres humanos e logo chegareis ao reconhecimento de que mesmo o cumprimento deste mandamento, em verdade tão evidente... não se efetua, ou então apenas raramente e, ainda assim, não com alegria, porém com grandes esforços.

Sobre todos os seres humanos, quer brancos, amarelos, morenos, negros ou vermelhos, paira como que um anseio insaciável de invejar o próximo por aquilo que eles mesmos não possuem. Dizendo melhor: de invejá-lo por tudo! Nessa inveja já reside a cobiça proibida! Com isso a transgressão do mandamento já se consumou, tornando-se a raiz de muitos males, que precipitam a queda do ser humano, da qual, em muitos casos, jamais conseguirá se reerguer.

O ser humano comum, estranhamente, raras vezes preza o que é seu, porém apenas aquilo que ainda não possui. As trevas semearam avidamente a cobiça, e as almas humanas, infelizmente, se entregaram com grande disposição, a fim de criar o solo mais fértil para a triste sementeira. Assim, com o correr do tempo a cobiça pela propriedade alheia tornou-se motivo dominante de toda a atividade da maior parte da humanidade. A começar de simples desejos, passando pela astúcia e pela habilidade de convencer, aumentando até à inveja desmedida, decorrente da contínua insatisfação, e até ao ódio cego.

Qualquer caminho para a satisfação era tido ainda como correto, desde que não estivesse em conflito demasiado evidente com as leis terrenas. A lei de Deus ficou ignorada diante da ânsia crescente de aquisição! Cada qual se julgava realmente honesto, enquanto não tinha sido citado perante os tribunais terrenos para prestação de contas. Conseguir isso não lhes custava muitos esforços, pois empregavam a maior cautela e a maior argúcia do raciocínio, quando desejavam prejudicar o seu próximo sem nenhuma consideração, tão logo fosse preciso, para auferir qualquer vantagem a preço baixo. Não lhes ocorreu sequer que na realidade ia lhes custar muito mais caro do que perfazem todos os valores terrenos! A assim chamada inteligência tornou-se trunfo! A inteligência, porém, de acordo com os conceitos atuais, nada mais é que a florescência de uma esperteza ou uma intensificação desta. Somente é esquisito que todos desconfiem de homens espertos, enquanto respeitam os inteligentes! O conceito básico geral produz tal contrassenso. O ser humano esperto é um ignorante na arte de satisfazer seus desejos, ao passo que os seres humanos inteligentes se tornaram mestres no assunto. O ignorante não sabe encobrir os seus desejos com mantos vistosos, colhendo por isso apenas desprezo compassivo. Para o mestre, porém, brota de todas as almas, que se entregam a pendor idêntico, a mais invejosa admiração! Inveja também aqui, pois no solo da humanidade atual nem sequer a admiração da igual espécie consegue ser isenta de inveja. Os seres humanos desconhecem essa forte força propulsora de tantos males e ignoram que essa inveja domina atualmente sob múltiplos aspectos todos os seus pensamentos e todos os seus atos! Ela reside no ser humano isolado, assim como nos povos inteiros, dirige os países, gera guerras, bem como partidos e luta eterna, onde quer que duas pessoas tenham de conferenciar sobre algo!

Onde fica a obediência ao décimo mandamento de Deus, desejar-se-ia exclamar como *advertência* aos países! Na mais impiedosa cobiça, deseja cada um dos países terrenos apenas a posse do que pertence ao outro! Não recuam diante do assassínio isolado, nem mesmo diante de massacres ou da escravização de povos inteiros, apenas para assim se projetarem em grandeza. Os belos discursos sobre autoconservação ou autodefesa são apenas subterfúgios covardes, pois eles mesmos sentem claramente que algo precisa ser dito para atenuar ou desculpar crimes tão monstruosos contra os mandamentos de Deus!

Isso, porém, de nada lhes servirá, pois o cinzel que grava as transgressões dos mandamentos de Deus no livro dos acontecimentos mundiais é inexorável, e indestrutíveis são os fios do carma que aí se ligam a cada um, fazendo com que nem sequer a menor manifestação de seu pensar ou agir possa perder-se sem ser expiada!

Quem puder abranger com a vista todos esses fios, verá que terrível Juízo foi assim provocado! Confusão e desmoronamento de tudo quanto foi construído até então são apenas as primeiras e *leves* consequências dessa mais torpe de todas as violações do décimo mandamento de Deus! Ninguém poderá ser benevolente convosco quando todo o efeito começar a cair sobre vós. Não o merecestes de outra forma. Virá com isso somente aquilo que vós mesmos forçastes!

Arrancai por completo a sórdida cobiça de vossa alma! Ponderai que também um país se compõe apenas de pessoas isoladas! Deixai de lado toda a inveja e todo o ódio contra aquelas pessoas que a vosso ver possuem muito mais que vós! Isso tem sua razão de ser! Que não sejais capazes de reconhecer essa razão, é apenas vossa culpa, decorrente tão somente da enorme limitação da vossa faculdade de compreensão, limitação que vós mesmos forçastes voluntariamente, que não era desejada por Deus, e que teve de surgir como consequência de vosso nefasto servilismo intelectivo!

Aquele que não estiver satisfeito com a posição que lhe é dada no novo reino de Deus aqui na Terra, posição decorrente do efeito dos fios de seu carma, por ele próprio tecido, também não é digno de viver nele! Não é digno de assim lhe ser propiciada a oportunidade de libertar-se, de modo relativamente fácil, de velhos fardos de culpas que a ele se atêm, e de, concomitantemente, ainda amadurecer espiritualmente, a fim de encontrar o caminho que leva à pátria dos espíritos livres, onde imperam apenas Luz e alegria!

Futuramente cada insatisfeito será destruído inexoravelmente como imprestável elemento perturbador da paz, finalmente ansiada, e como obstáculo à ascensão sadia! Se, porém, ainda possuir um germe bom, assegurando uma conversão breve, então ficará sujeito a uma nova lei terrena, para o seu bem e para sua derradeira salvação, até nele surgir o reconhecimento do infalível acerto da sábia vontade de Deus; acerto também referente a ele, que, apenas por miopia de sua alma e por tolice voluntária, não foi capaz de reconhecer que o leito, em que agora jaz na Terra, foi por ele próprio fabricado, como consequência incondicional de toda a sua existência de até então, de várias vidas no Além e na Terra, não sendo, porém, cega arbitrariedade de um acaso! Reconhecerá então, finalmente, que necessita para si exatamente e apenas aquilo que vivencia e o lugar onde se encontra, bem como o ambiente em que nasceu, com tudo o que a isso se liga!

Se trabalhar assiduamente em si próprio, progredirá não só espiritualmente como também terrenamente. Se tentar, porém, obstinadamente forçar outro caminho, sem consideração e prejudicando seus semelhantes, então jamais poderá auferir proveitos verdadeiros disso.

Ele não deve dizer que o reconhecimento disso ainda lhe deva ser proporcionado por Deus, para que ele obedeça e se modifique nisso! Trata-se apenas de ousadia e novo pecado esperar ou até exigir que lhe seja primeiro provado que está errado com a sua opinião, para que possa acreditar, para que seja convencido do contrário! É ele, tão só ele, que se tornou completamente incapaz para o reconhecimento, e que se desviou do caminho certo, no qual se encontrava de início! As possibilidades de reconhecimento já lhe tinham sido dadas por Deus no caminho que ele havia pedido poder seguir! Já que ele as enterrou profundamente através da própria má vontade, Deus deve, como seu servo, reabrir tal cova! Comportamento pueril! Exatamente essa arrogância, essa exigência, fará com que agora seja mais difícil ao ser humano remir as blasfêmias assim cometidas! Eu vos digo: para qualquer ladrão será mais fácil ficar novamente livre de culpa, do que para uma alma humana que, esperando, ousa exigir que Deus reabilite o ser humano da própria e maior culpa, mediante nova doação de reconhecimento! Exatamente aquilo com que o próprio ser humano se carregou, na maneira mais rebelde contra a vontade de Deus, como o mais pesado fardo de pecados!

Será uma luta árdua para as almas humanas, até que possam libertar-se das costumeiras transgressões do décimo mandamento de Deus, isto é, até que se modifiquem nisso, para viver realmente de acordo com o mesmo, no pensar, falar e agir! À espera, porém, de todos aqueles que não o conseguirem, estarão sofrimentos e aniquilação, aqui na Terra e no Além!

AMÉM!

O PAI NOSSO

O PAI NOSSO

São apenas poucas as pessoas que procuram conscientizar-se do *que* querem na realidade, quando proferem a oração "Pai Nosso". Menos ainda as que sabem realmente qual o *sentido* das frases que aí estão recitando. Recitar decerto é a única expressão adequada para o procedimento que o ser humano, nesse caso, chama de orar.

Quem se examinar rigorosamente a tal respeito terá de concordar, ou então testemunhará que passa toda a sua vida de idêntica maneira... superficialmente, não sendo, nem jamais tendo sido capaz dum pensamento profundo. Existem nesta Terra muitos desses que sem dúvida se levam a sério, mas, pelos outros, mesmo com a melhor boa vontade, não podem ser levados a sério.

Exatamente o começo desta oração desde sempre é intuído erroneamente, conquanto de modos diversos. As pessoas que procuram proferir com seriedade esta oração, isto é, que nela se empenham com certa boa vontade, sentirão, logo após ou durante as primeiras palavras, certo sentimento de segurança surgir em si, de tranquilização anímica! E tal sentimento nelas permanece predominante até alguns segundos depois de orar.

Isso explica duas coisas: primeiro, que quem reza só pode manter sua seriedade durante as primeiras palavras, através do que se desencadeia tal sentimento, e, segundo, que justamente o desencadeamento desse sentimento prova quão longe se acha de entender o que com isso profere!

Mostra com isso, nitidamente, sua incapacidade de manter a profundidade do pensar, ou também sua superficialidade; porque, do contrário, com as palavras que se seguem, imediatamente deveria surgir *outro* sentimento, correspondente ao conteúdo alterado das palavras, tão logo elas se tornem nele realmente vivas.

Portanto, permanece nele apenas o que as primeiras palavras despertam. Entendesse ele, porém, o sentido correto e o significado verdadeiro das palavras, estas teriam de lhe despertar intuições muito diferentes do que um agradável sentimento de segurança.

Pessoas mais presunçosas veem por sua vez na palavra "Pai" a confirmação de descenderem diretamente de Deus, e assim, num desenvolvimento acertado, tornarem-se, por fim, até mesmo divinas, já trazendo, porém, categoricamente, algo divino dentro de si. E ainda existem muitos outros erros entre os seres humanos quanto a esta frase.

A maioria, contudo, considera-a simplesmente como a *invocação* na oração, o apelo! Aí necessitam pensar de modo mínimo. E correspondentemente é recitada sem reflexão, quando exatamente na invocação a Deus deveria residir todo o fervor de que uma alma humana, aliás, possa ser capaz.

Mas tudo isso esta primeira frase não deve dizer nem ser; o Filho de Deus, contudo, inseriu na escolha das palavras simultaneamente a explicação ou a indicação da *maneira pela qual a alma humana* deve encaminhar-se para a oração, *de que modo* pode e deve apresentar-se perante seu Deus, se sua oração deva ser atendida. Diz exatamente qual a disposição que ela deve possuir em tal momento, como tem de ser seu estado de pura intuição, quando quiser depor seu pedido nos degraus do trono de Deus.

Assim, a oração toda se divide em três partes. A primeira parte é o entregar-se totalmente, a rendição da alma perante seu Deus. Falando figuradamente, ela se abre de todo diante Dele, antes de se aproximar com uma súplica, dando testemunho assim de sua própria capacidade de boa vontade pura.

O Filho de Deus quer com isso deixar claro qual deve ser a intuição para formar a base de uma aproximação de Deus! Por isso apresenta-se como um grande e sacrossanto juramento, quando no início se encontram as palavras: *"Pai nosso, que estás no céu!"*

Considerai que oração não tem a mesma significação que pedido! Do contrário, não haveria orações de agradecimento que não contivessem nenhum pedido. Orar não é pedir. Já aí o "Pai Nosso" tem sempre sido incompreendido até agora, por causa do mau hábito do ser humano de nunca se dirigir a Deus a não ser para esperar alguma vantagem ou mesmo exigir, pois no esperar já se encontra o exigir. E aí a criatura humana realmente *sempre* espera algo, isto ela não pode negar! Mesmo falando em traços gerais, que exista nela apenas o sentimento nebuloso de receber remotamente um lugar no céu.

O ser humano desconhece a jubilosa gratidão de usufruir de modo alegre a existência consciente que lhe foi dada, coparticipando na grande Criação para o bem de seu ambiente, assim como é desejado por

Deus ou por Deus com razão esperado! Tampouco pressente que é justamente isso, e *somente* isso, que contém seu próprio e verdadeiro bem, seu progresso e sua ascensão.

Em tal base desejada por Deus, porém, encontra-se em verdade a oração "Pai Nosso"! De outra forma o Filho de Deus nem poderia tê-la dado, pois apenas desejava o bem dos seres humanos e isso só se fundamenta na observação e no cumprimento certo da vontade de Deus!

A oração dada por ele é, portanto, tudo, menos um pedido, mas sim um grande juramento do ser humano abrangendo tudo, o qual, nisso, se prostra aos pés de seu Deus! Deu-a Jesus aos seus discípulos, que estavam dispostos naquele tempo a viver em pura adoração a Deus, a servir a Deus com seu viver na Criação e com esse servir honrar Sua sacrossanta vontade!

A criatura humana deveria pensar bem e maduramente se pode atrever-se, apesar de tudo, a se servir dessa oração e a pronunciá-la; deveria averiguar severamente se, enunciando-a, não procura de certa forma enganar a Deus!

As frases introdutórias advertem com clareza suficiente que cada um deve se examinar, se também é realmente assim como nelas se apresenta! Se com isso ousa se aproximar sem falsidade diante do trono de Deus!

Se, contudo, vivenciardes em vós *as três primeiras frases* da oração, então elas vos conduzirão aos degraus do trono de Deus. *Elas são o caminho para isso,* quando numa alma chegarem a ser vivenciadas. Nenhum outro leva até lá. Mas este, seguramente! Não vivenciando essas frases, nenhum dos vossos pedidos poderá chegar até lá.

Deve ser uma invocação dedicada, e, contudo, jubilosa, quando ousais proferir: "Pai nosso que estás no céu!"

Nessa exclamação repousa a vossa sincera afirmação: "A ti, ó Deus, dou todos os direitos de Pai sobre mim, aos quais quero submeter-me com obediência infantil! E reconheço com isso também Tua onisciência, Deus, em tudo o que Tua determinação trouxer, e peço que disponhas de mim como um pai tem de dispor dos seus filhos! Aqui estou, Senhor, para te ouvir e te obedecer infantilmente!"

A segunda frase: *"Santificado seja o Teu nome!"*

Esta é a afirmação da alma em adoração, de quão sincera é em tudo quanto ousa dizer a Deus. Que acompanha com plena intuição cada palavra e pensamento, não abusando com superficialidade do nome de Deus! Pois o nome de Deus lhe é sobremaneira sagrado!

Considerai bem, todos vós que orais, o que com isto prometeis! Se quiserdes ser inteiramente sinceros convosco, tendes de reconhecer que vós, seres humanos, até agora, justamente com isto, tendes mentido diante do semblante de Deus; porque nunca fostes *tão* sinceros na oração conforme o Filho de Deus, pressupondo, estipulou nessas palavras como *condição!*

A terceira frase: *"Venha a nós o Teu reino!"* novamente não é nenhum pedido, mas apenas uma promessa a mais! É um prontificar-se de que através da alma humana tudo deve tornar-se aqui na Terra *tal* como é no reino de Deus!

Por isso a expressão: "Venha a nós o *Teu* reino!" Isto quer dizer: "Queremos chegar também aqui na Terra a tal ponto que o Teu reino perfeito possa estender-se até aqui! O solo deve ser preparado por nós de modo que tudo viva apenas segundo a Tua santa vontade, isto é, cumprindo plenamente as Tuas leis da Criação, de maneira a tudo se realizar *tal* qual é em Teu reino, o reino espiritual onde se encontram os espíritos amadurecidos e livres de todas as culpas e cargas, que apenas vivem servindo à vontade de Deus, porque somente no cumprimento incondicional desta surge algo de bom, pela perfeição nela latente." É, portanto, a afirmação de querer tornar-se *assim,* para que também a Terra, mediante a alma humana, venha a ser um reino do cumprimento da vontade de Deus!

Tal afirmativa fica ainda reforçada pela frase seguinte: *"Seja feita a Tua vontade, assim na Terra como no céu!"*

Essa não é apenas uma declaração de se prontificar a enquadrar-se inteiramente à vontade divina, mas encontra-se também nela a promessa de interessar-se por essa vontade, de esforçar-se com toda a diligência para reconhecer essa vontade. Tal esforço tem de preceder, sim, a uma adaptação a essa vontade, pois enquanto a criatura humana não a conhecer direito, não estará apta a orientar sua intuição, seu pensar, falar e agir de acordo com ela!

Que tremenda e culposa leviandade não é, pois, a de cada ser humano que nunca cessa de fazer essas afirmativas ao seu Deus, sempre e sempre de novo, quando na realidade nem se interessa de como seja a vontade de Deus, que se acha firmemente ancorada na Criação. O ser humano mente, sim, em cada palavra da oração, quando ousa proferi-la! Com isso, encontra-se como um hipócrita diante de Deus! Junta sempre novas culpas por cima das antigas, sentindo-se por fim digno de lástima, quando ele em matéria fina tiver de sucumbir no Além sob este fardo.

Somente quando essas frases tiverem sido cumpridas realmente por uma alma, como condição preliminar, é que ela poderá continuar a dizer:

"O pão nosso de cada dia nos dá hoje!"

Isso equivale a dizer: "Se eu cumprir aquilo que afirmei ser, deixa então que a Tua bênção paire sobre a minha atuação terrena, a fim de que disponha sempre de tempo para conseguir meu necessário sustento de vida na matéria grosseira, para poder viver segundo a Tua vontade!"

"E perdoa-nos as nossas dívidas, assim como nós perdoamos aos nossos devedores!"

Nisso jaz o conhecimento dos efeitos retroativos incorruptos e justos das leis espirituais que transmitem a vontade de Deus. Simultaneamente também a expressão afirmativa de plena confiança nisso, pois o pedido de perdão, isto é, de remição das culpas, baseia-se *estritamente* no cumprimento *anterior,* pela alma humana, do próprio perdoar de todas as injustiças que os semelhantes lhe fizeram.

Quem tiver sido capaz *disso,* quem já houver perdoado tudo ao seu próximo, ficará de *tal forma* purificado, que nunca virá a cometer *intencionalmente* nenhuma injustiça! Com isso também estará livre de todas as culpas perante Deus, uma vez que só é considerado como injustiça o que tiver sido feito *intencionalmente de má fé.* Só assim é que vem a ser uma injustiça. Há nisso uma grande diferença com relação a todas as leis humanas e conceitos terrenos atualmente existentes.

Assim, pois, nessa frase, também como base, encontra-se novamente uma promessa perante seu Deus de cada alma que almeja a Luz. Declaração de sua verdadeira vontade, para cuja realização, aprofundando-se e ficando esclarecida sobre si mesma, espera receber força na oração, que, numa sintonização certa, também receberá, segundo a lei da reciprocidade.

"E não nos deixes cair em tentação!"

É um conceito errado da criatura humana querer ler nessas palavras que seria tentado por Deus. Deus não tenta ninguém! Trata-se nesse caso apenas de uma tradição incerta que escolheu inabilmente o termo tentação. Seu sentido correto deve ser classificado no conceito de errar, perder-se, isto é, andar errado, procurar erradamente no caminho ao encontro da Luz.

Equivale a dizer: "Não nos deixes tomar caminhos errados, procurar erradamente, não nos deixes perder tempo! Desperdiçá-lo, malbaratá-lo! Mas retém-nos à força, se necessário for, inclusive se tal necessidade nos tenha de atingir como sofrimento e dor."

Esse sentido o ser humano também tem de entender por intermédio da sentença seguinte, e de acordo com o teor diretamente ligado a ela: *"Mas livra-nos do mal!"*

Esse "mas" mostra bem nitidamente a unidade da frase. O sentido equivale a: Faze-nos reconhecer o mal, seja qual for o preço que isso venha a nos custar, mesmo com o preço da dor. Capacita-nos para tanto por intermédio de Teus efeitos recíprocos em cada uma de nossas faltas. No reconhecer encontra-se também a remição para aqueles que tenham boa vontade para isso!

Com isso termina a segunda parte, o colóquio com Deus. A terceira parte constitui o remate: *"Pois que a ti pertencem o reino, a força e a magnificência por toda a eternidade! Amém!"*

É uma confissão jubilosa do sentimento de ser acolhido na onipotência de Deus através do cumprimento de tudo aquilo que a alma na oração lhe deposita aos pés como juramento! —

Esta oração dada pelo Filho de Deus possui, por conseguinte, duas partes. A introdução, ao aproximar-se, e o colóquio. Por último, adveio por Lutero a confissão jubilosa do conhecimento do auxílio para tudo aquilo que o colóquio encerra, do recebimento da força para o cumprimento daquilo que a alma prometeu ao seu Deus. E o cumprimento *terá* de levar a alma ao reino de Deus, ao país da alegria eterna e da Luz!

Assim, pois, o Pai Nosso, quando realmente vivenciado, torna-se o apoio e o bastão para a escalada ao reino espiritual!

O ser humano não deve esquecer-se de que numa oração ele tem de buscar, na realidade, somente a força, para poder *ele próprio realizar* o que pede! Assim deve orar! E assim também é constituída a oração que o Filho de Deus deu aos discípulos!

ORAÇÕES
DADAS POR ABDRUSCHIN

ORAÇÃO MATINAL

"A ti pertenço, ó Senhor!
Que minha vida seja apenas
uma prece de gratidão a ti.
Aceita pela Tua graça esta minha
vontade e dá-me também por este dia
o auxílio de Tua força!"

AMÉM!

ORAÇÃO ÀS REFEIÇÕES

"Senhor, Tu nos dás, cheio de graça
pela atividade de Tua Criação,
a mesa sempre posta!
Aceita nosso agradecimento
por Tua bondade!"

AMÉM!

ORAÇÃO PARA A NOITE

"Senhor, Tu que imperas
sobre todos os mundos, eu te rogo,
deixa-me repousar esta noite
em Tua graça!"

AMÉM!

ÍNDICE

NA LUZ DA VERDADE

Mensagem do Graal de Abdruschin

Obra editada em três volumes, contém esclarecimentos a respeito da existência do ser humano, mostrando qual o caminho que deve percorrer a fim de encontrar a razão de ser de sua existência e desenvolver todas as suas capacitações.

Seguem-se alguns assuntos contidos nesta obra: O reconhecimento de Deus • O mistério do nascimento • Intuição • A criança • Sexo • Natal • A imaculada concepção e o nascimento do Filho de Deus • Bens terrenos • Espiritismo • O matrimônio • Astrologia • A morte • Aprendizado do ocultismo, alimentação de carne ou alimentação vegetal • Deuses, Olimpo, Valhala • Milagres • O Santo Graal.

AO LEITOR

A Ordem do Graal na Terra é uma entidade criada com a finalidade de difusão, estudo e prática dos elevados princípios da Mensagem do Graal de Abdruschin "NA LUZ DA VERDADE", e congrega as pessoas que se interessam pelo conteúdo das obras que edita. Não se trata, portanto, de uma simples editora de livros.

Se o leitor desejar uma maior aproximação com as pessoas que já pertencem à Ordem do Graal na Terra, em vários pontos do Brasil, poderá dirigir-se aos seguintes endereços:

Por carta:
ORDEM DO GRAAL NA TERRA
Rua Sete de Setembro, 29.200 – CEP 06845-000
Embu das Artes – SP – BRASIL

Por telefone:
(11) 4781-0006

Por e-mail:
graal@graal.org.br

Internet:
www.graal.org.br

Correspondência e pedidos

ORDEM DO GRAAL NA TERRA

Rua Sete de Setembro, 29.200 – CEP 06845-000
Embu das Artes – SP – BRASIL
Fone e Fax: 11 4781-0006
www.graal.org.br
graal@graal.org.br

Fonte: Adobe Garamond Pro
Papel: Pólen Bold 90g/m^2
Impressão: Gráfica Mundial